Bugs e insetti
Libro da colorare

Young Scholar

Young Scholar
An imprint of Ciparum LLC

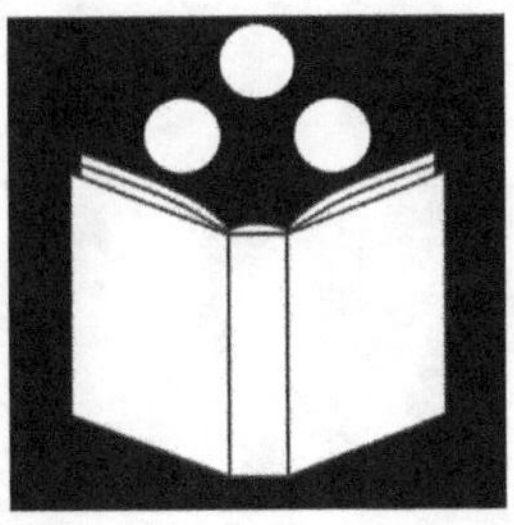

Bugs e insetti Libro da colorare
© 2017 Ciparum LLC
All rights reserved.
ISBN-10:1-63589-258-9
ISBN-13:978-1-63589-258-1

www.youngscholar.co

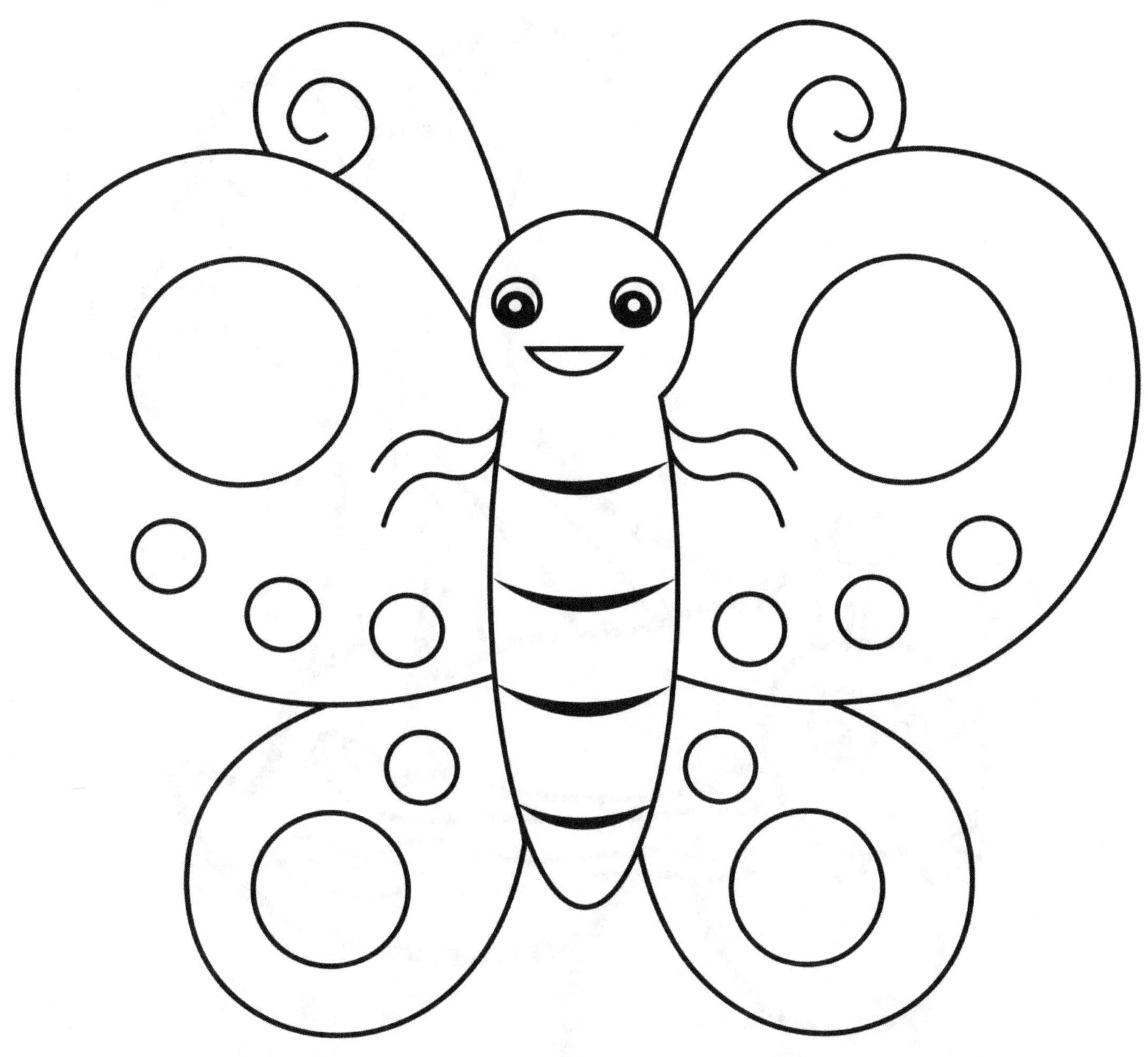

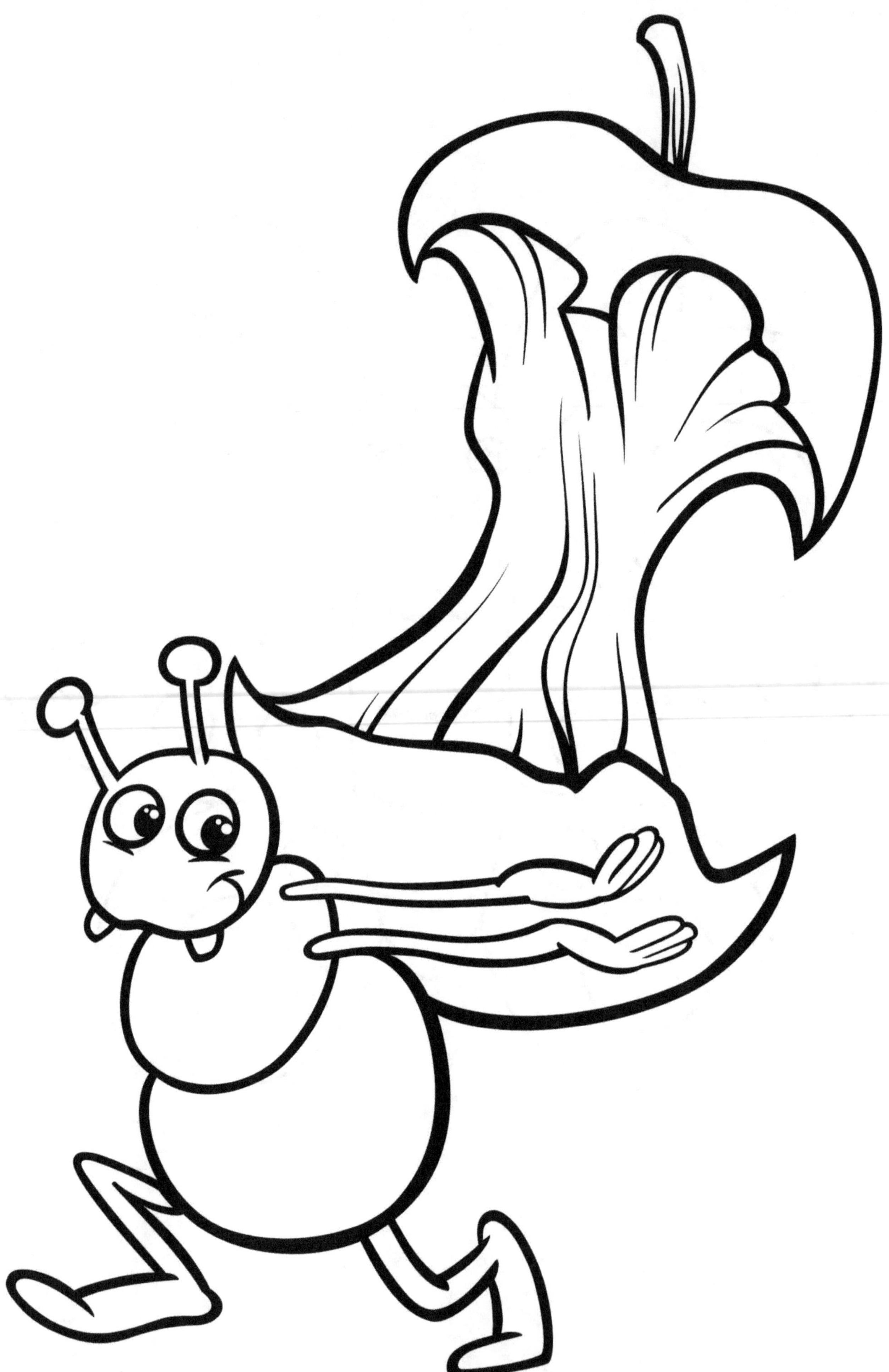

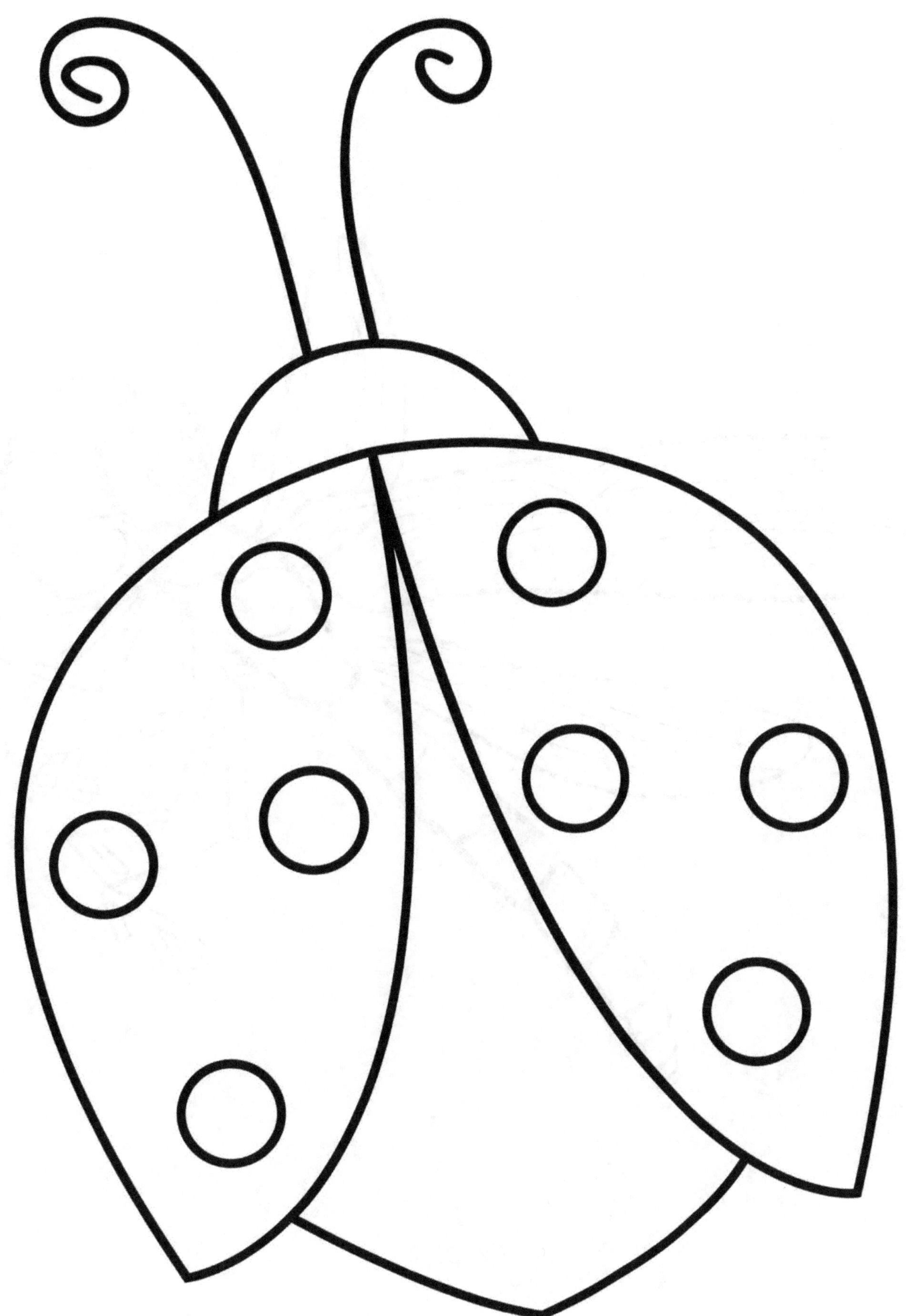

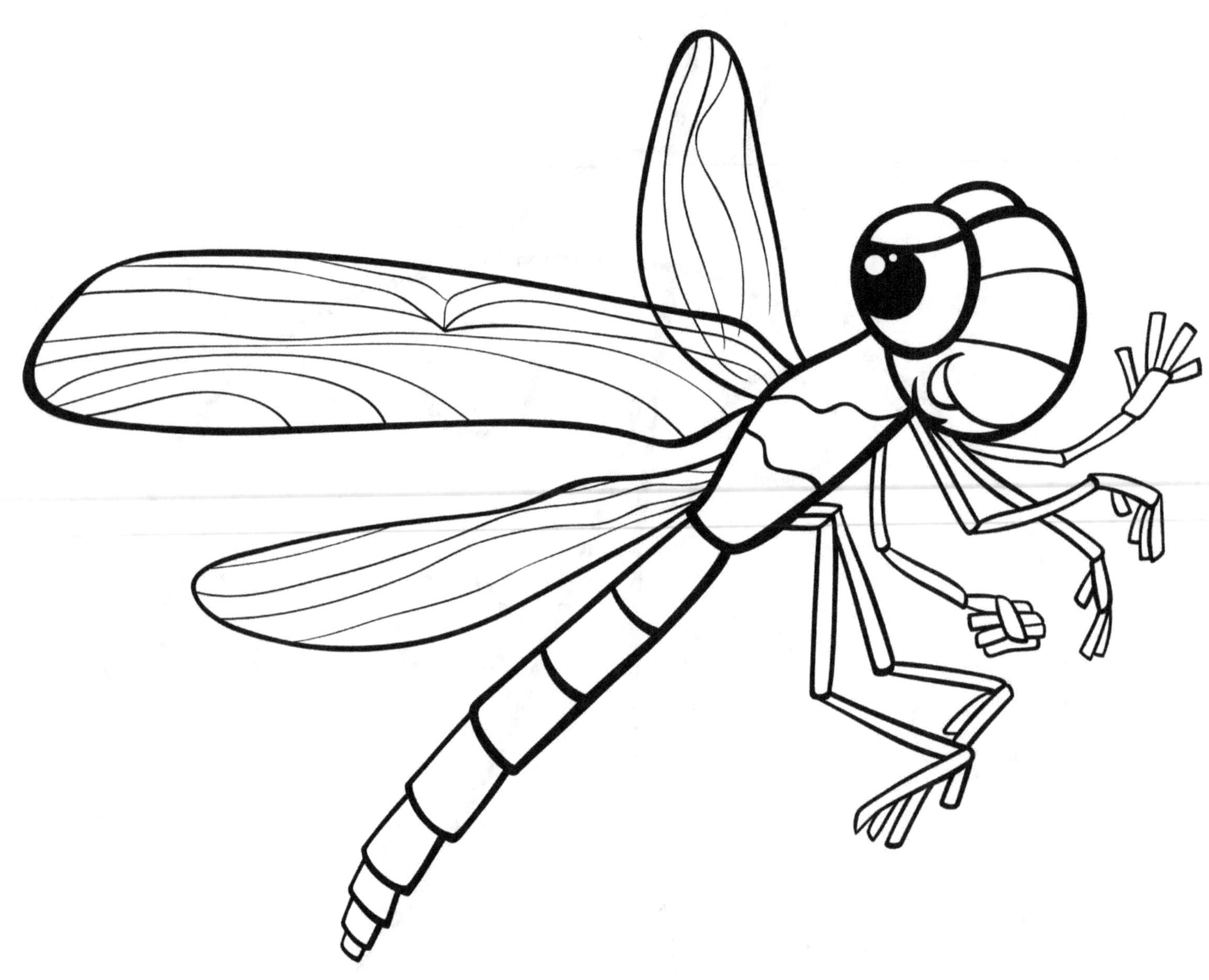

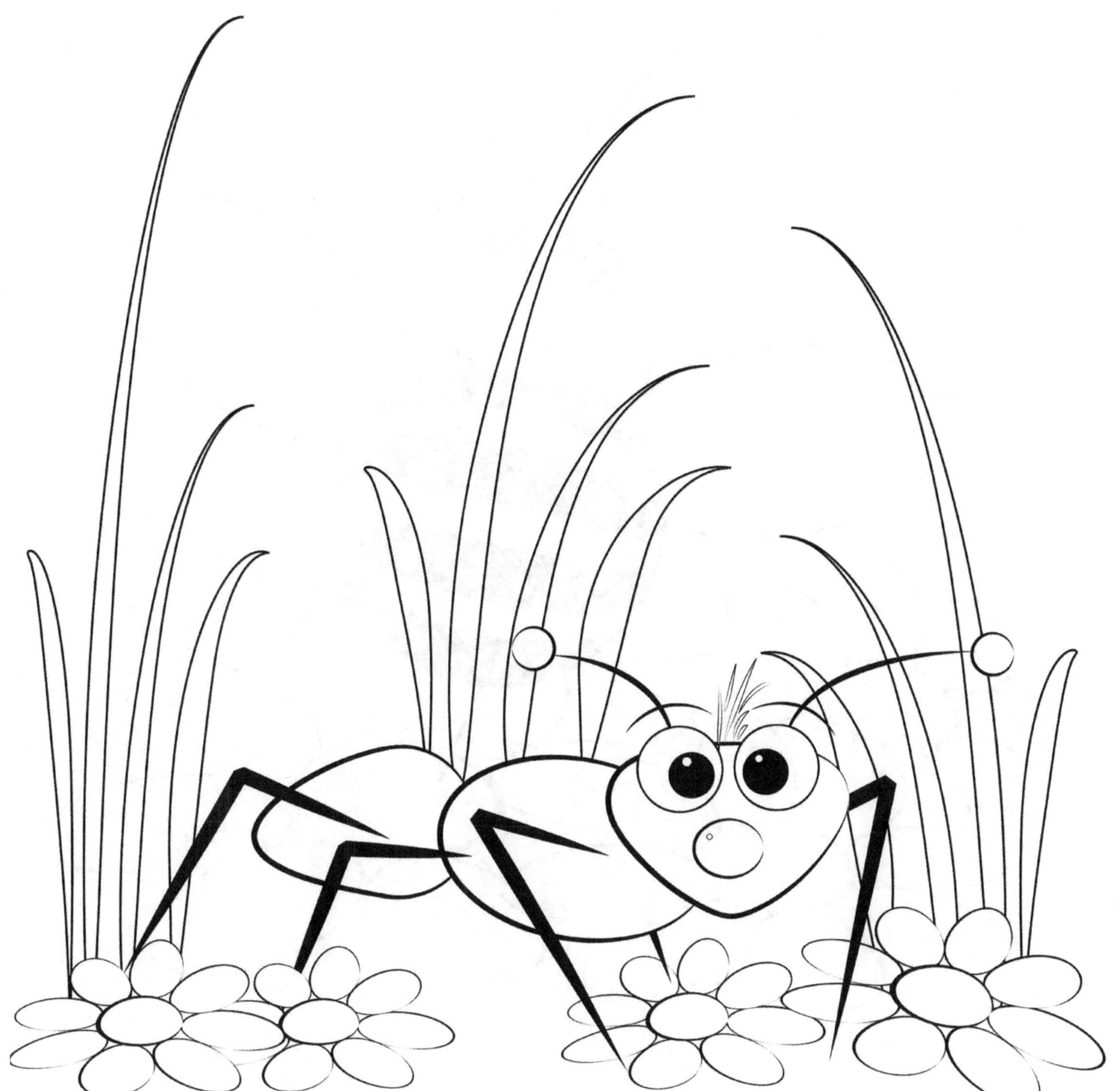

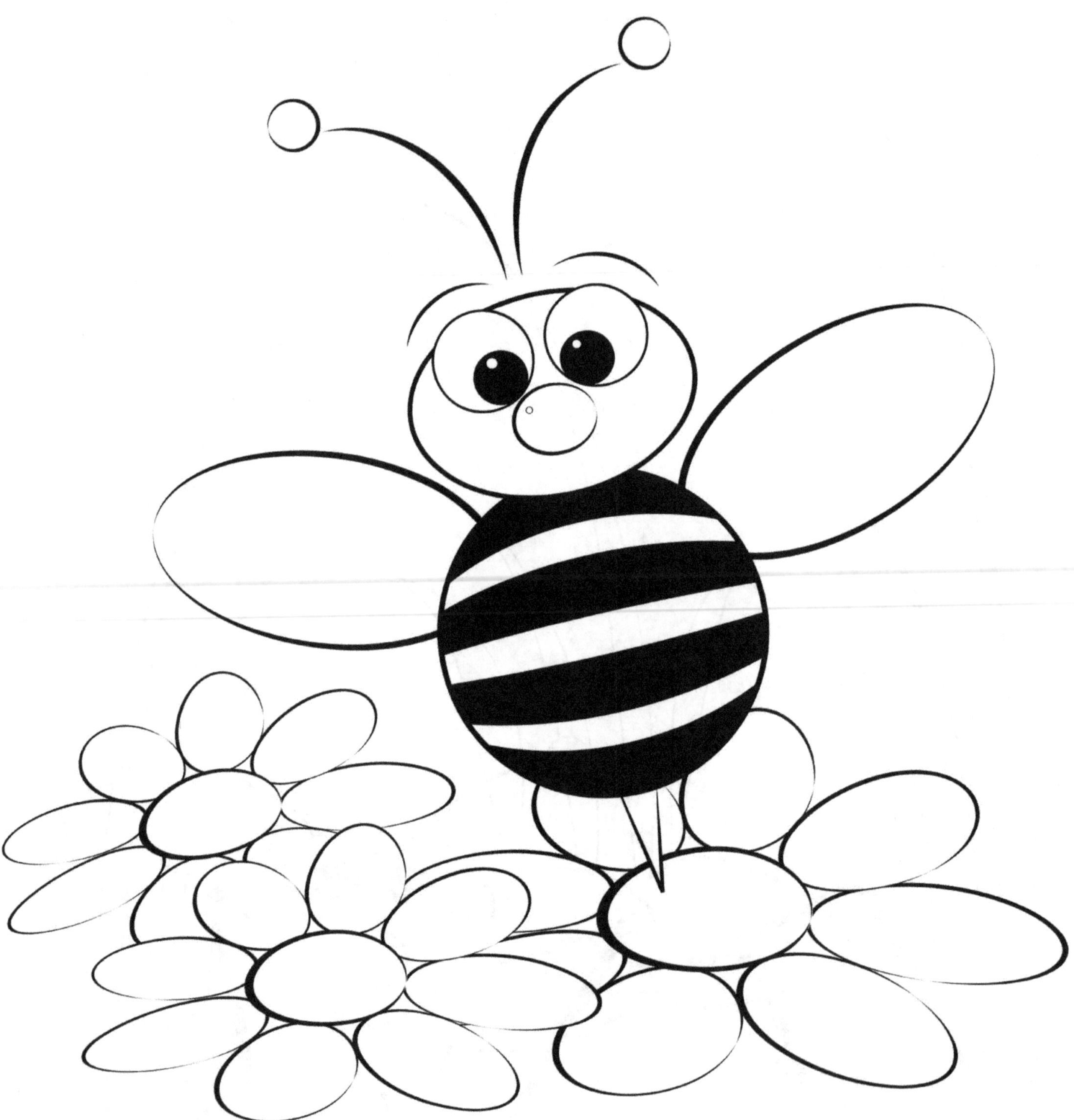

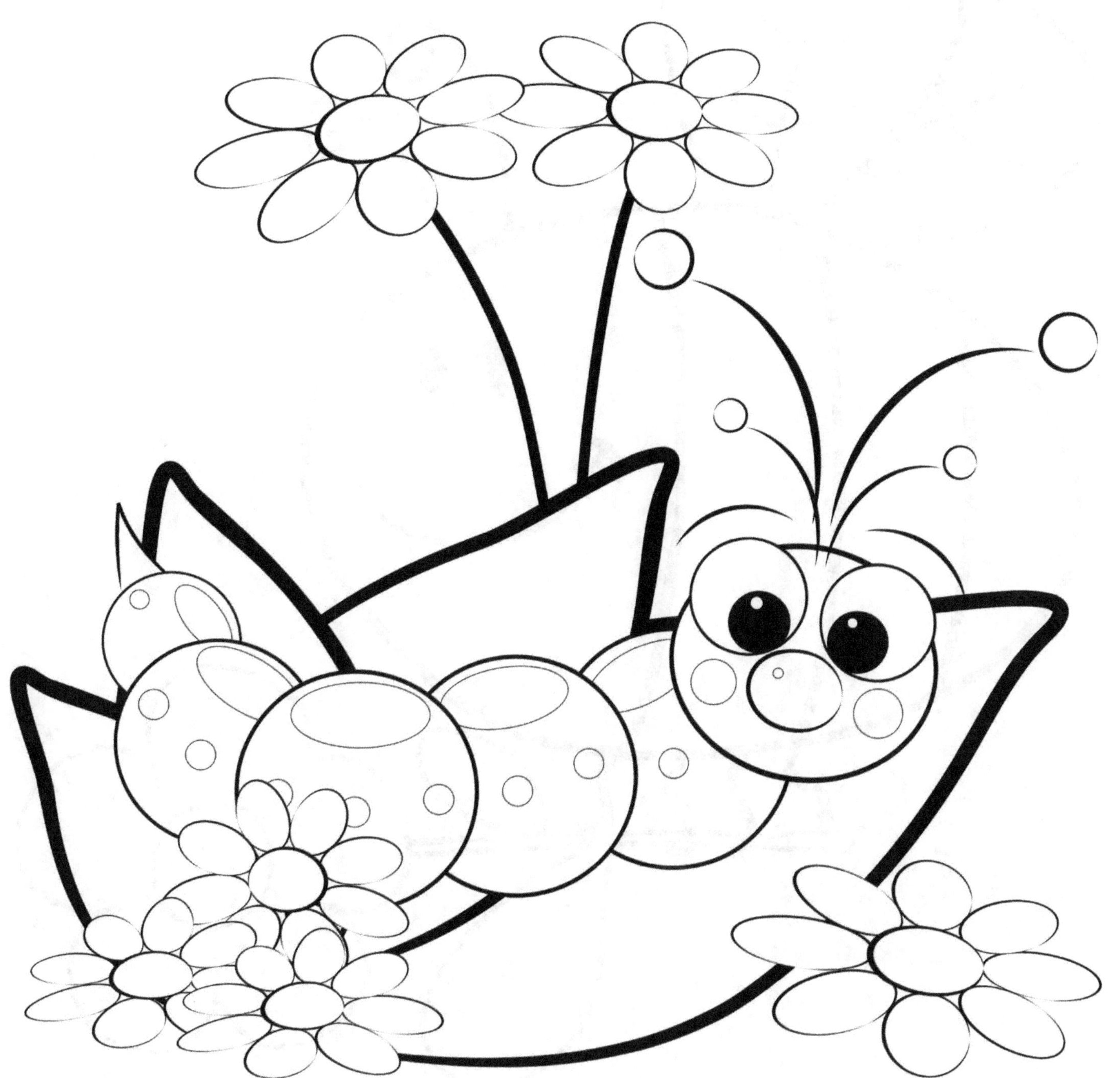

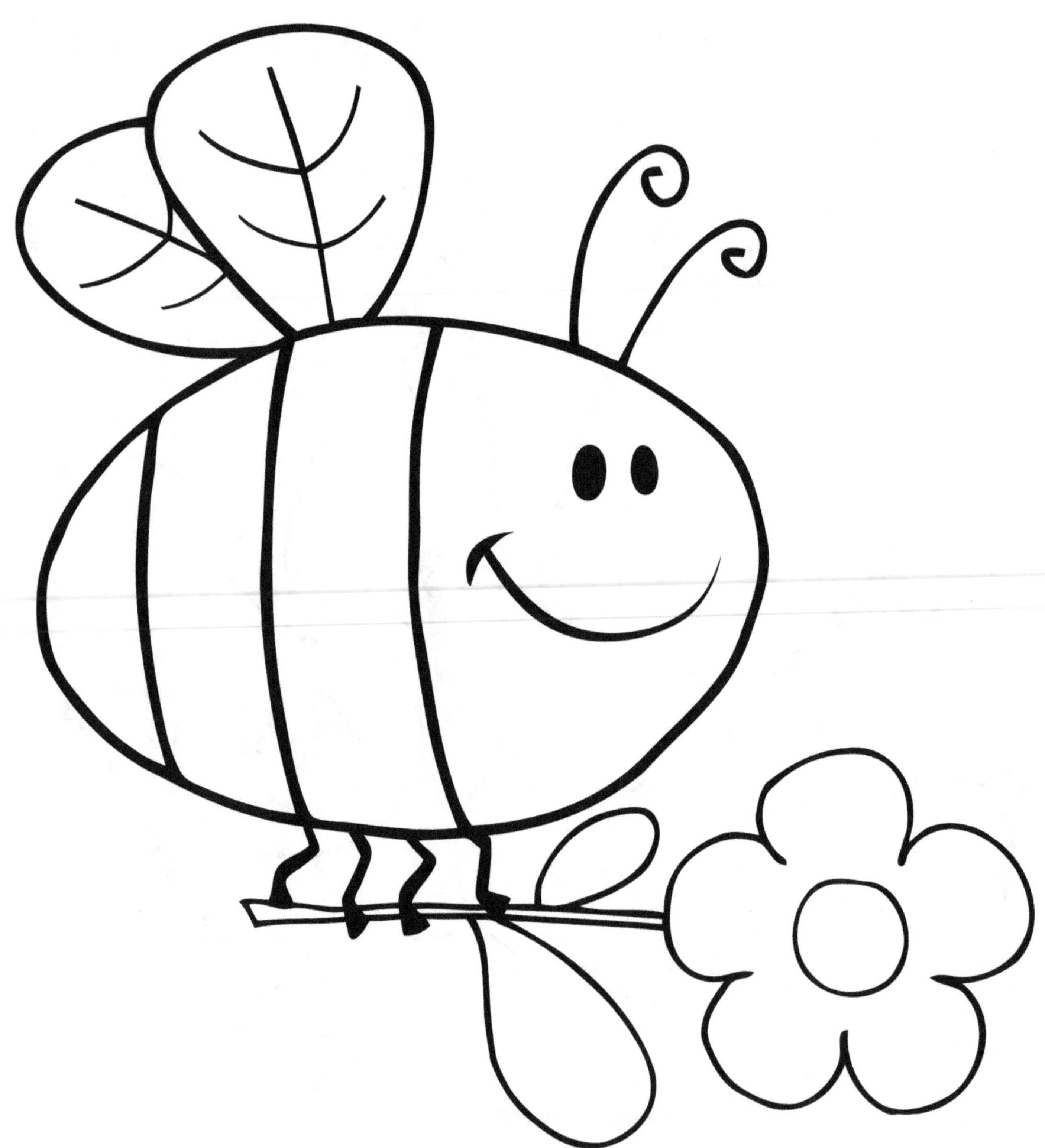

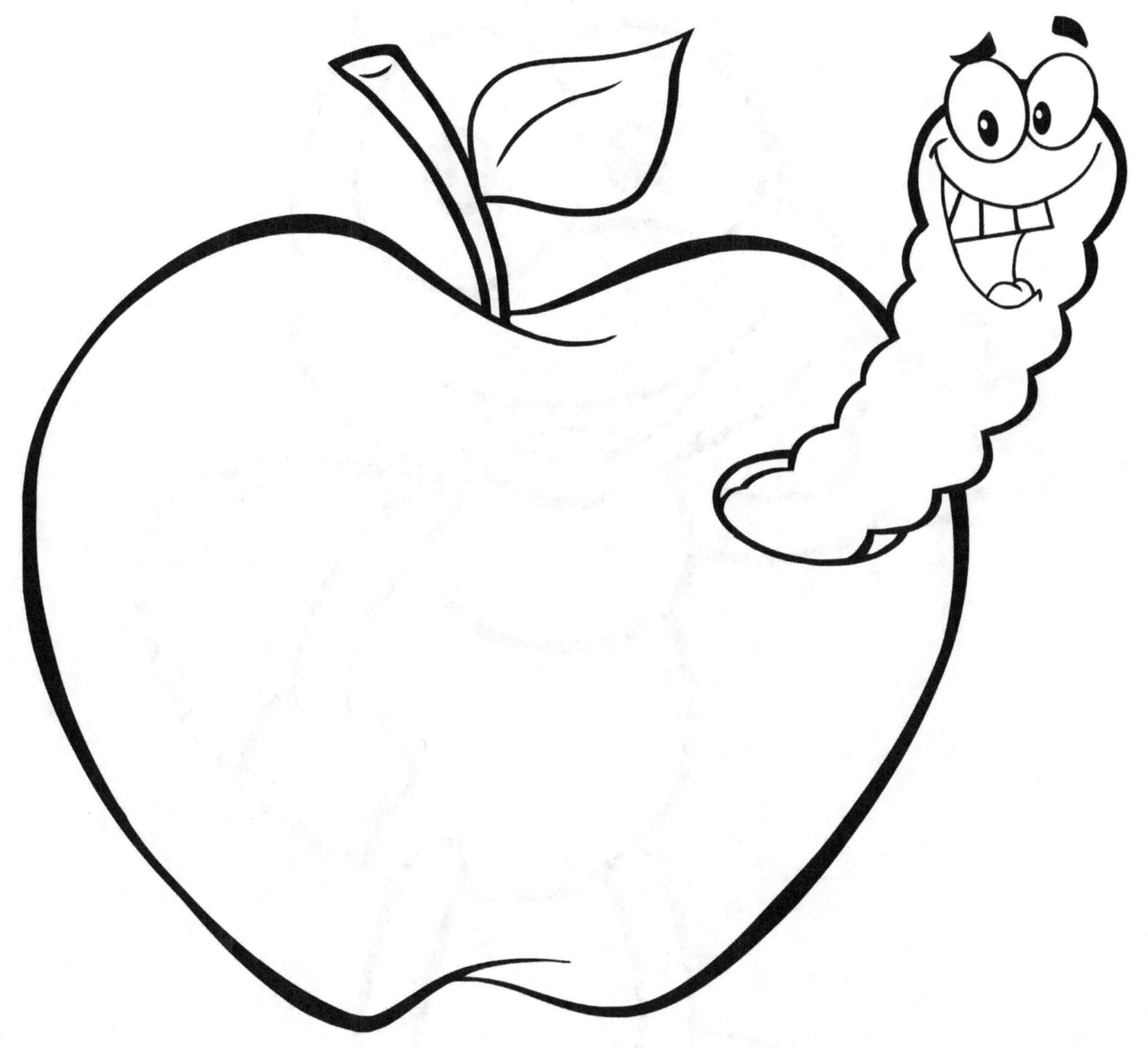

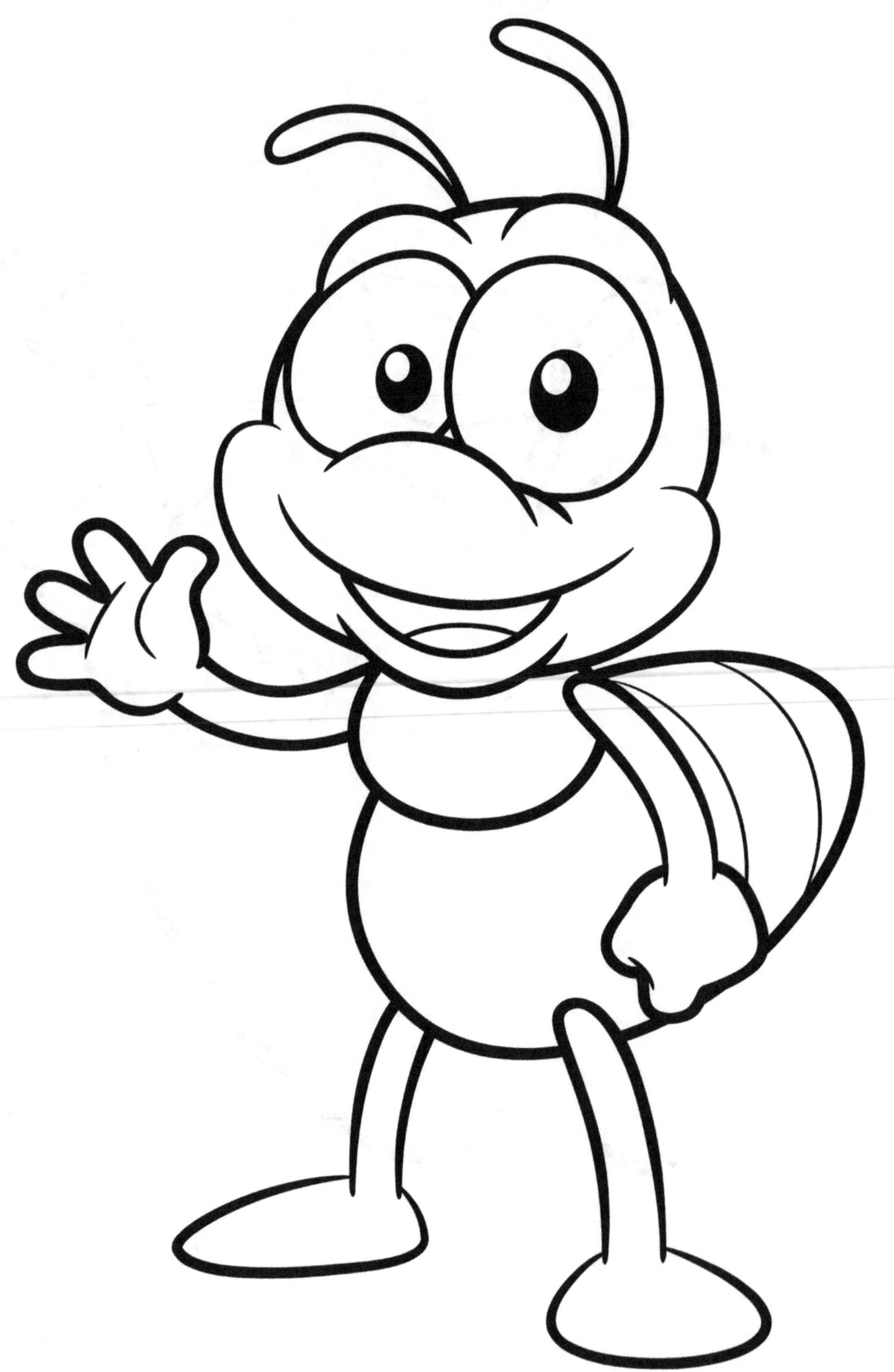

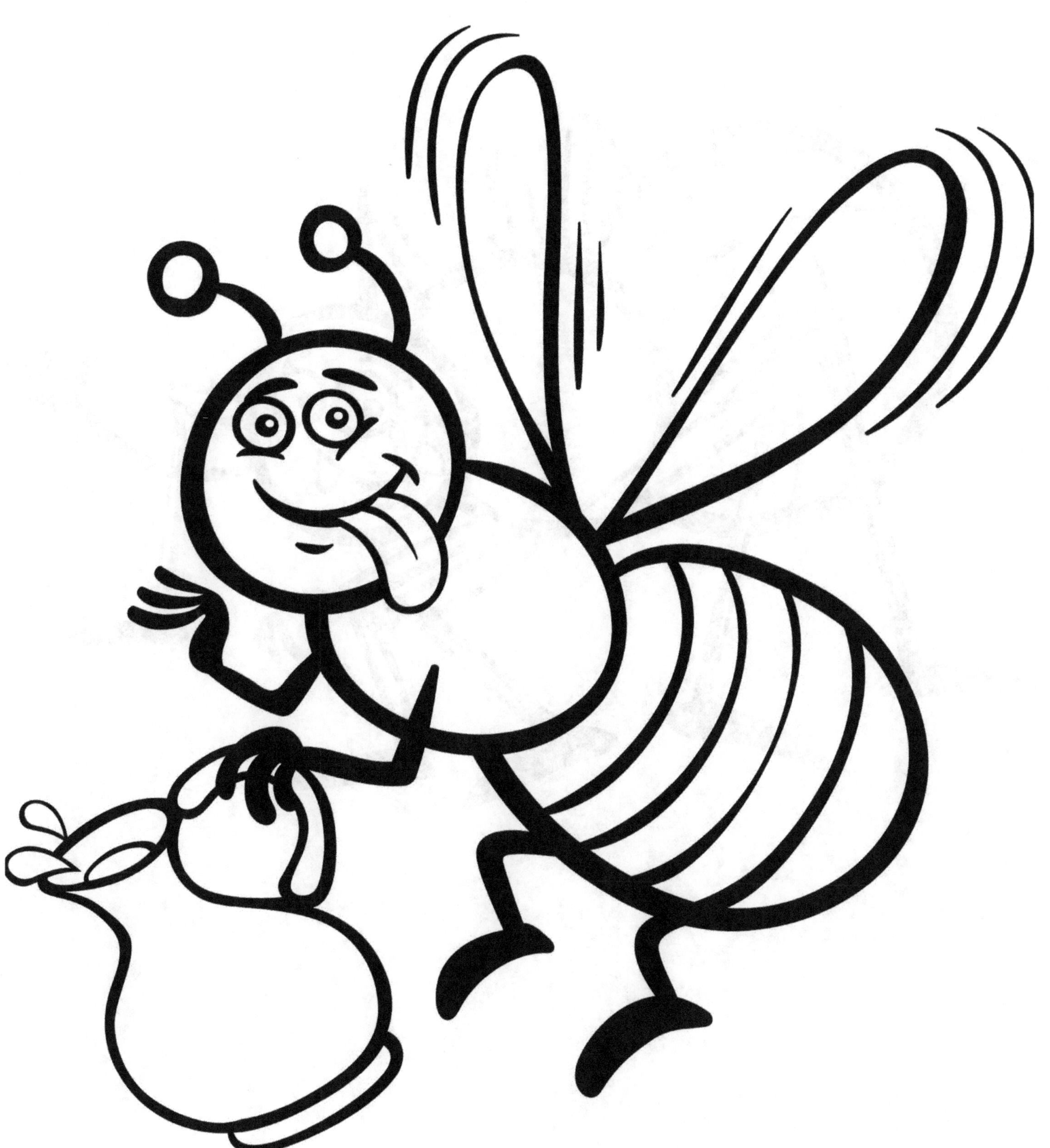

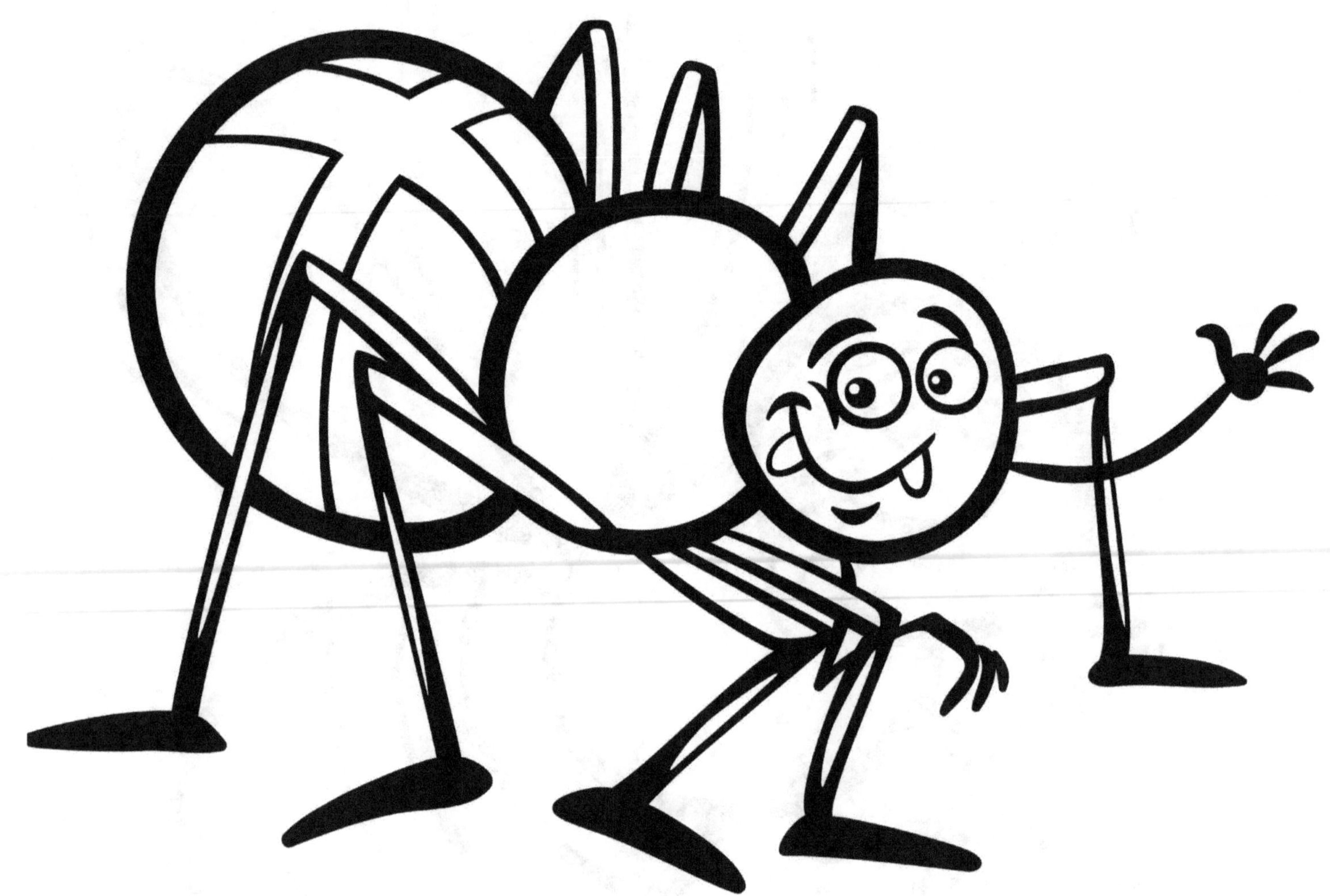

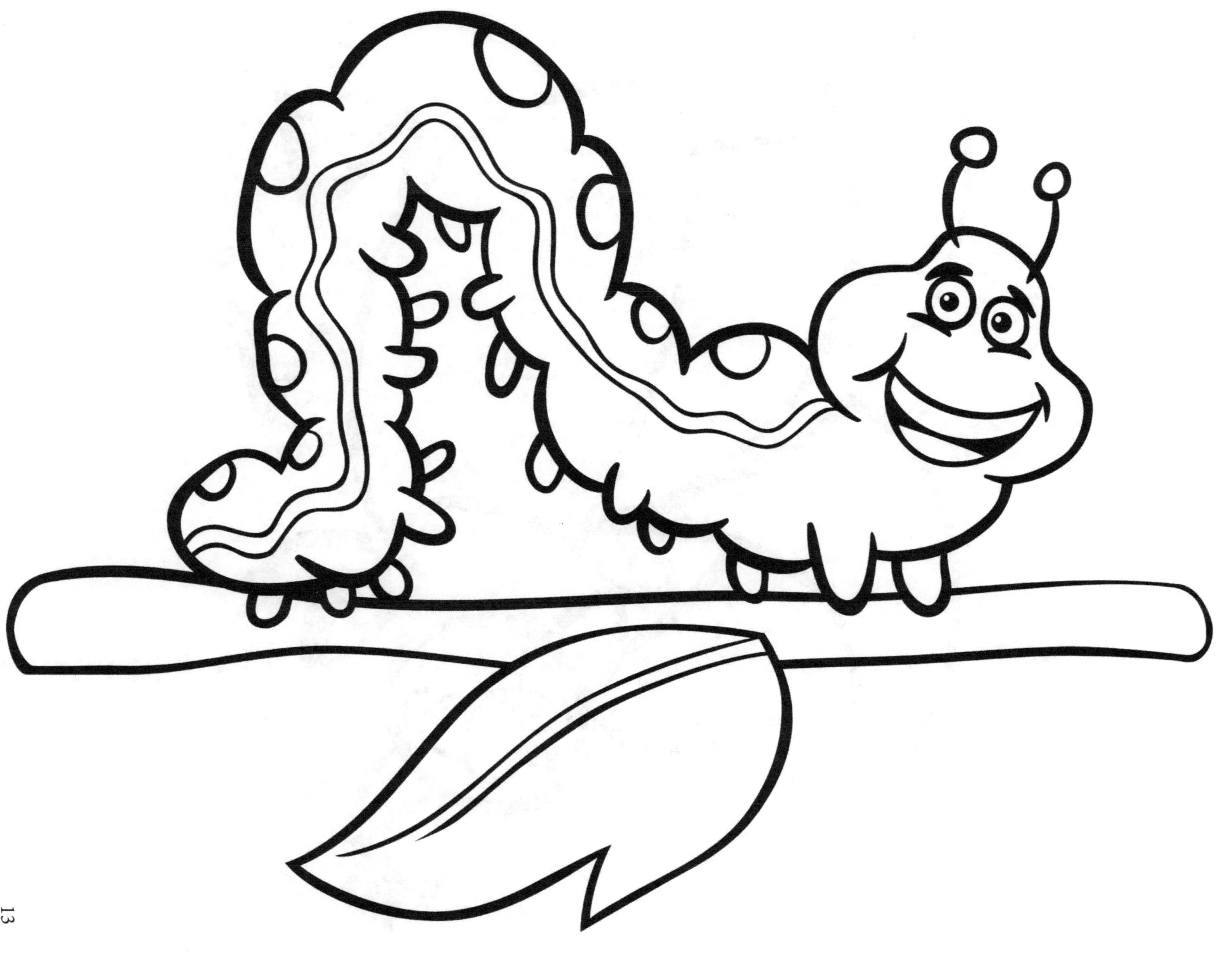

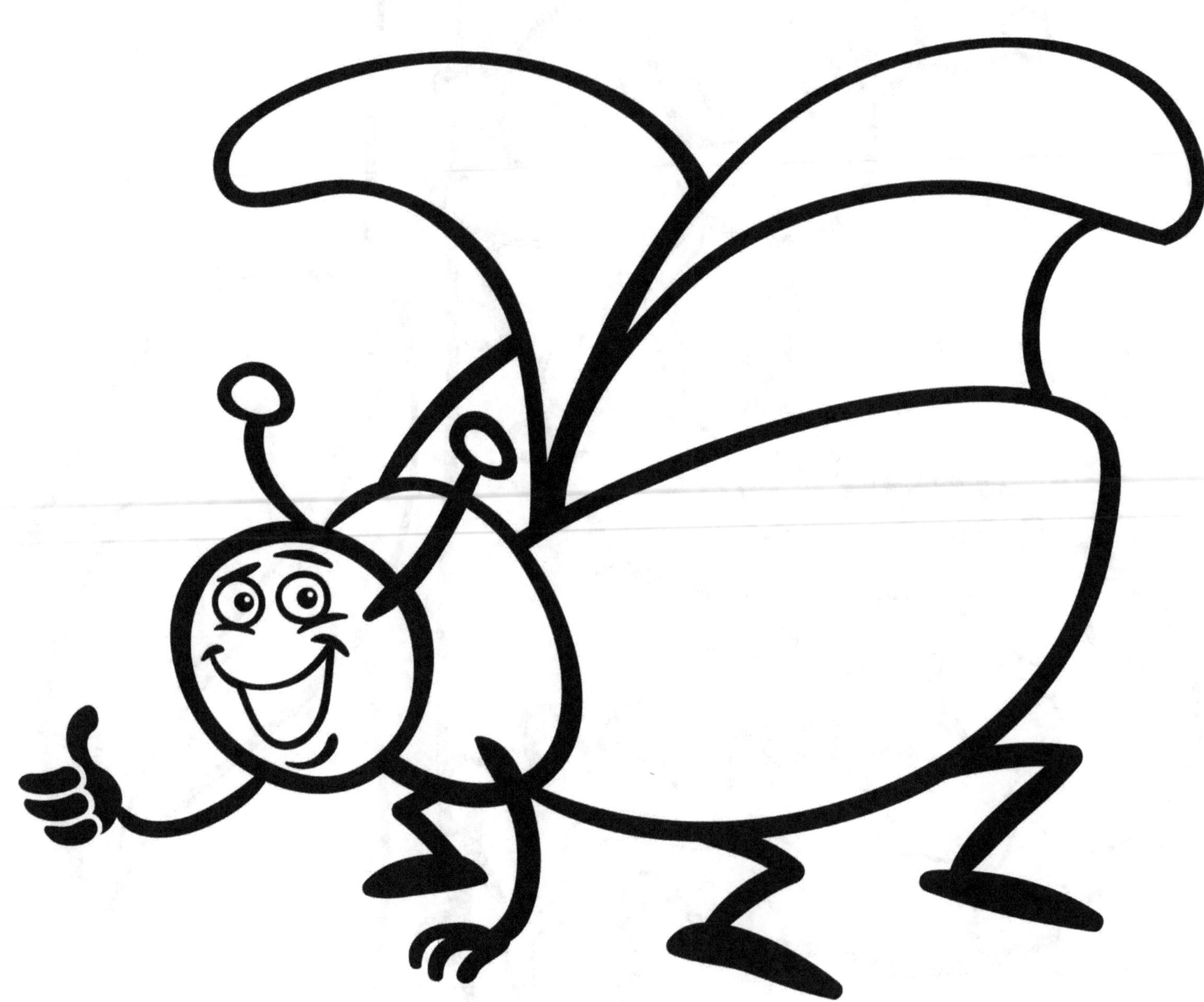

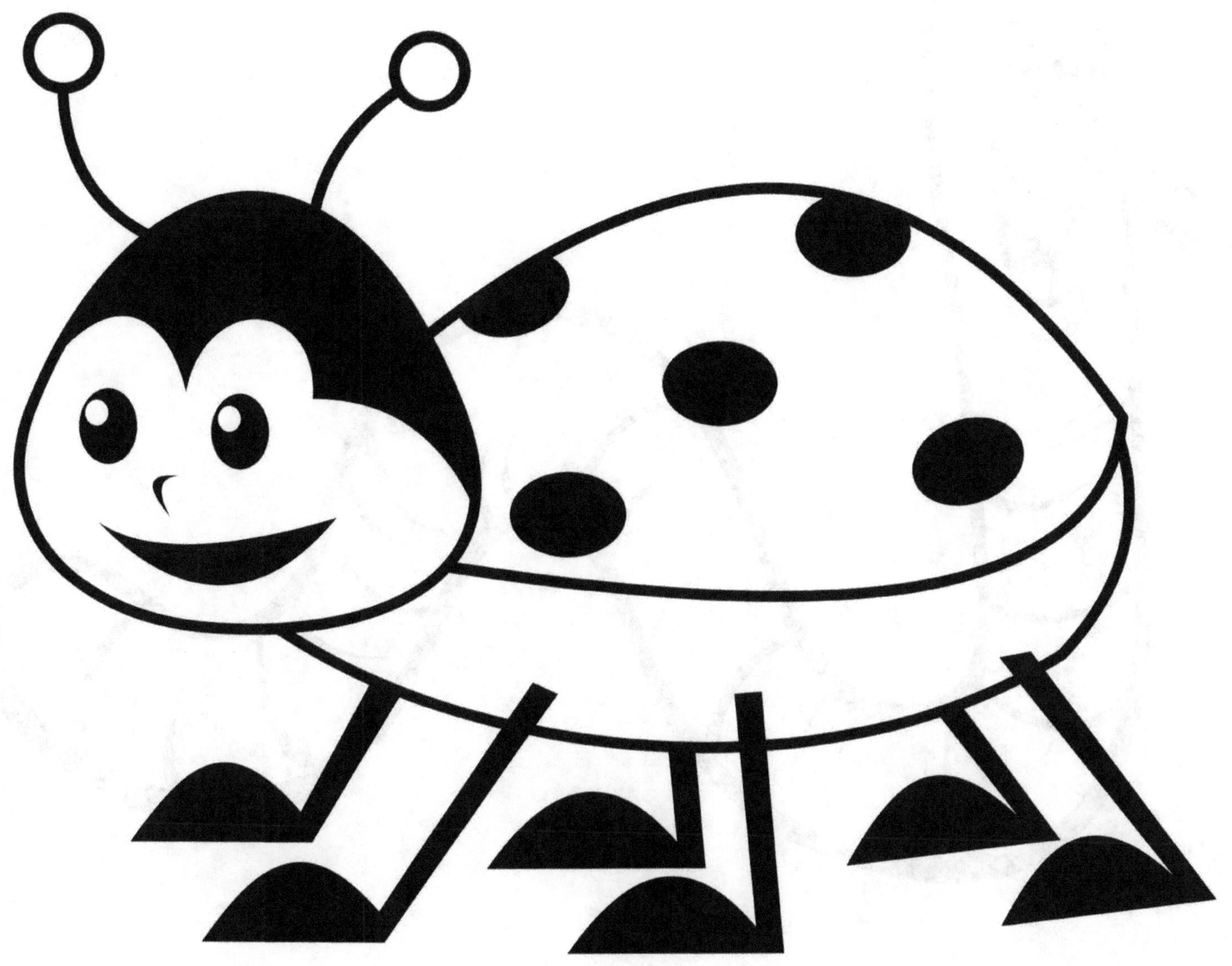

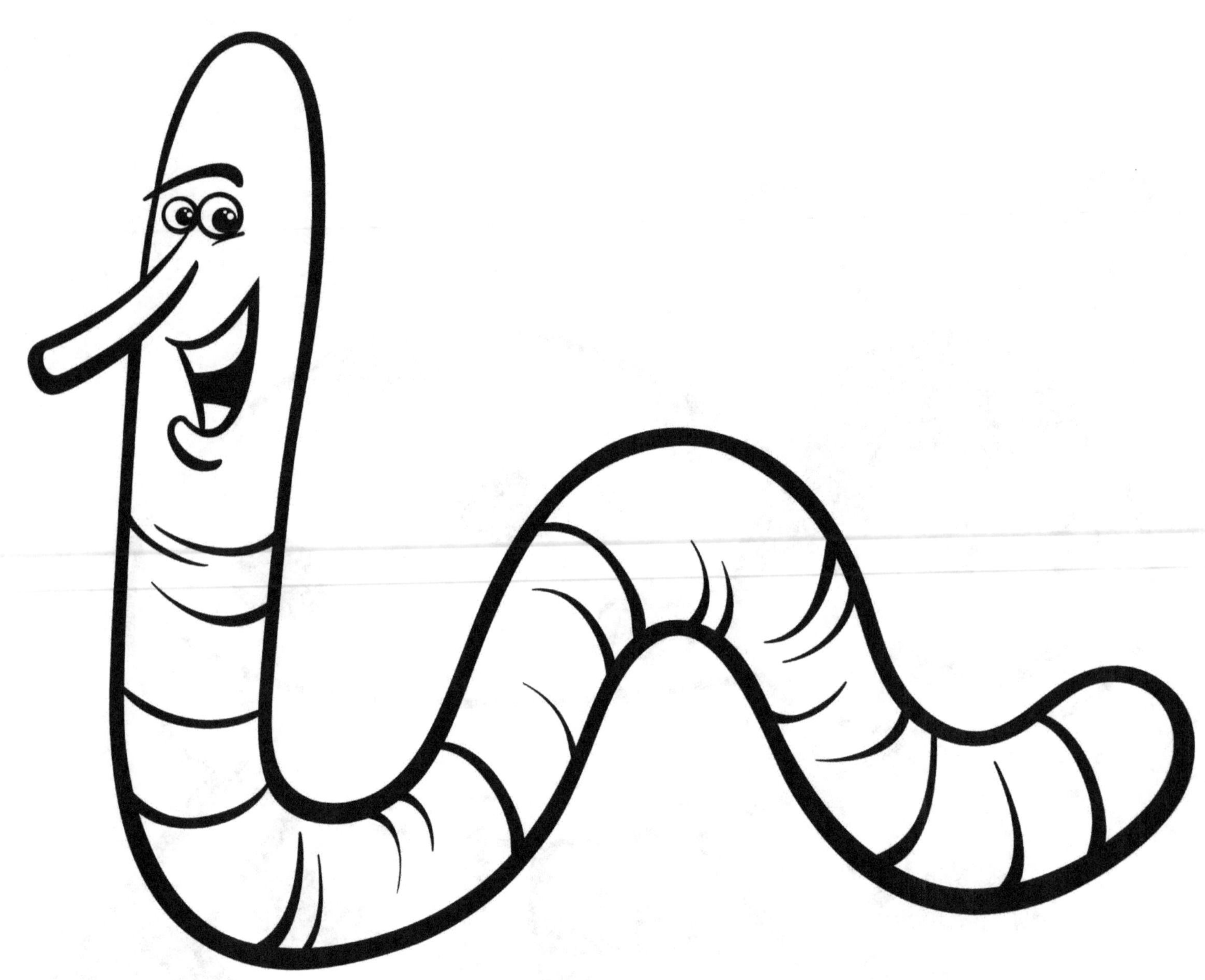

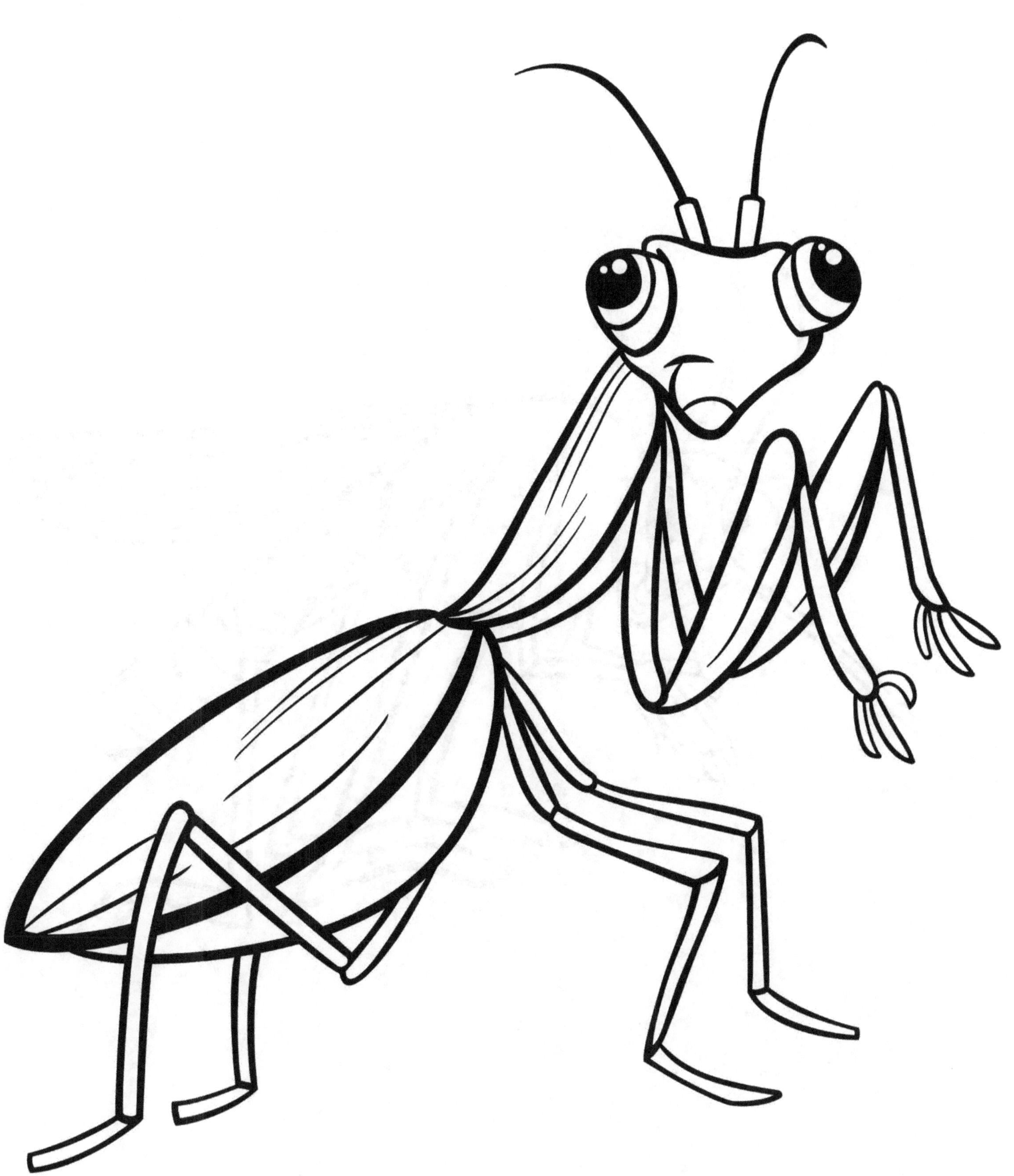

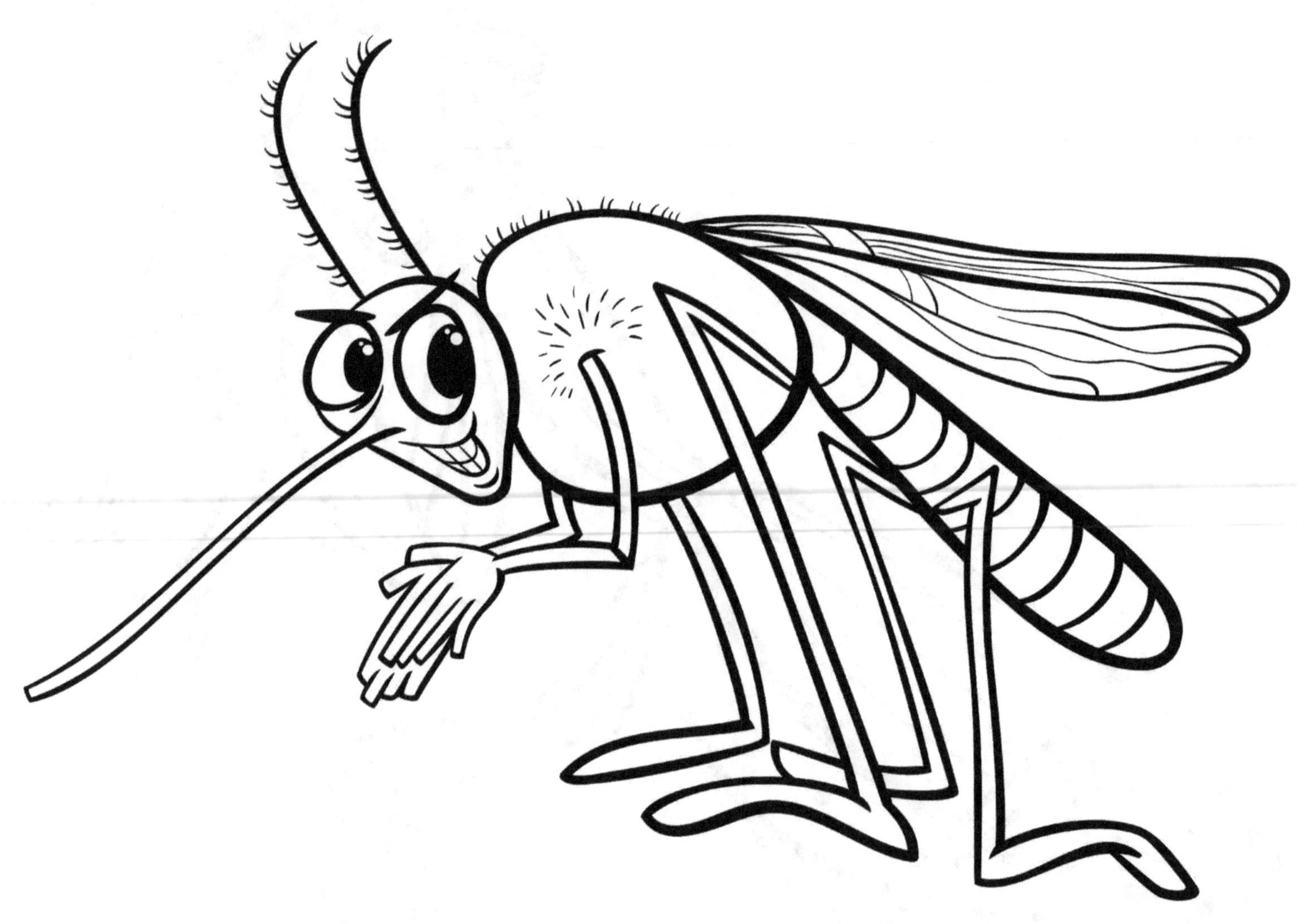

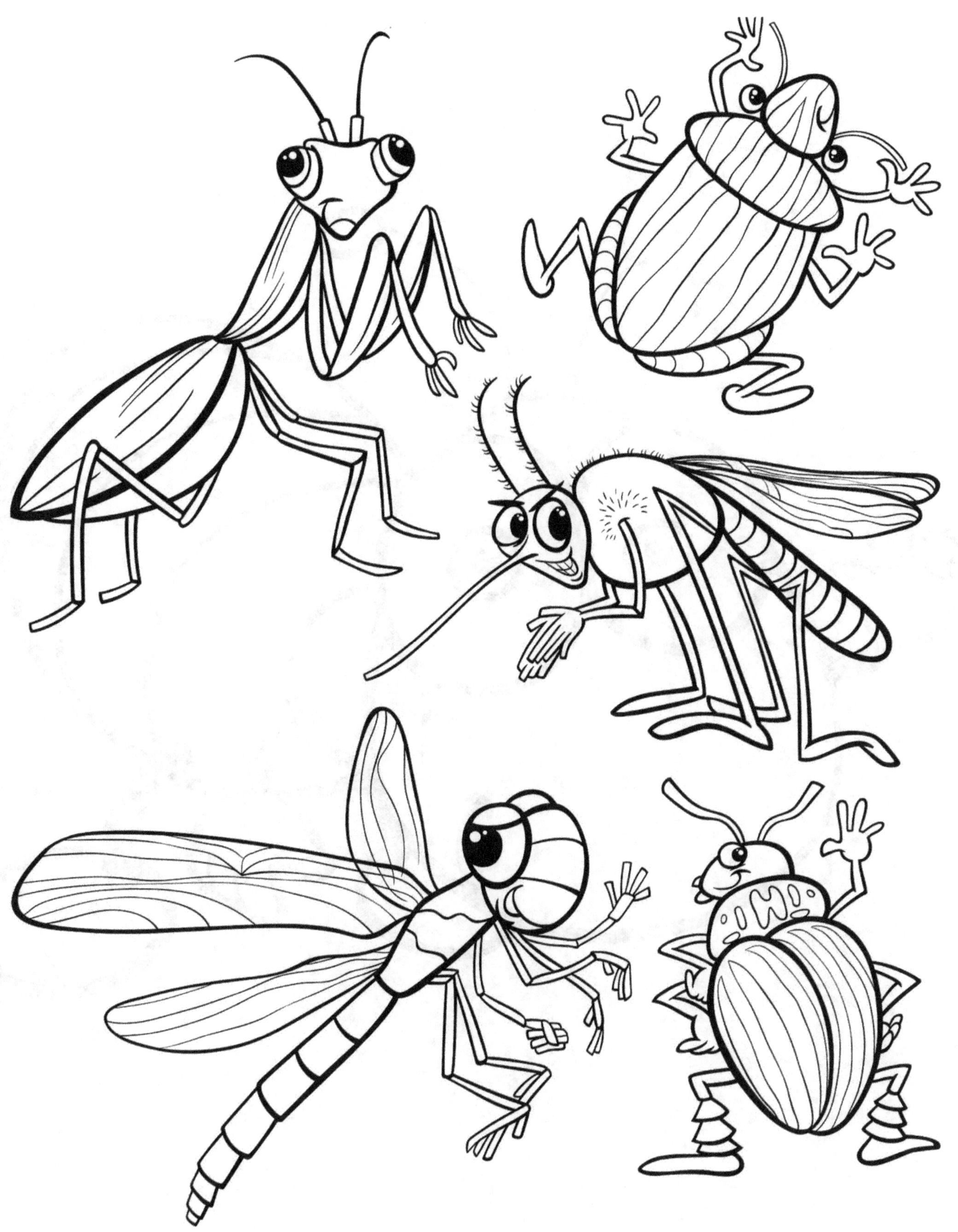

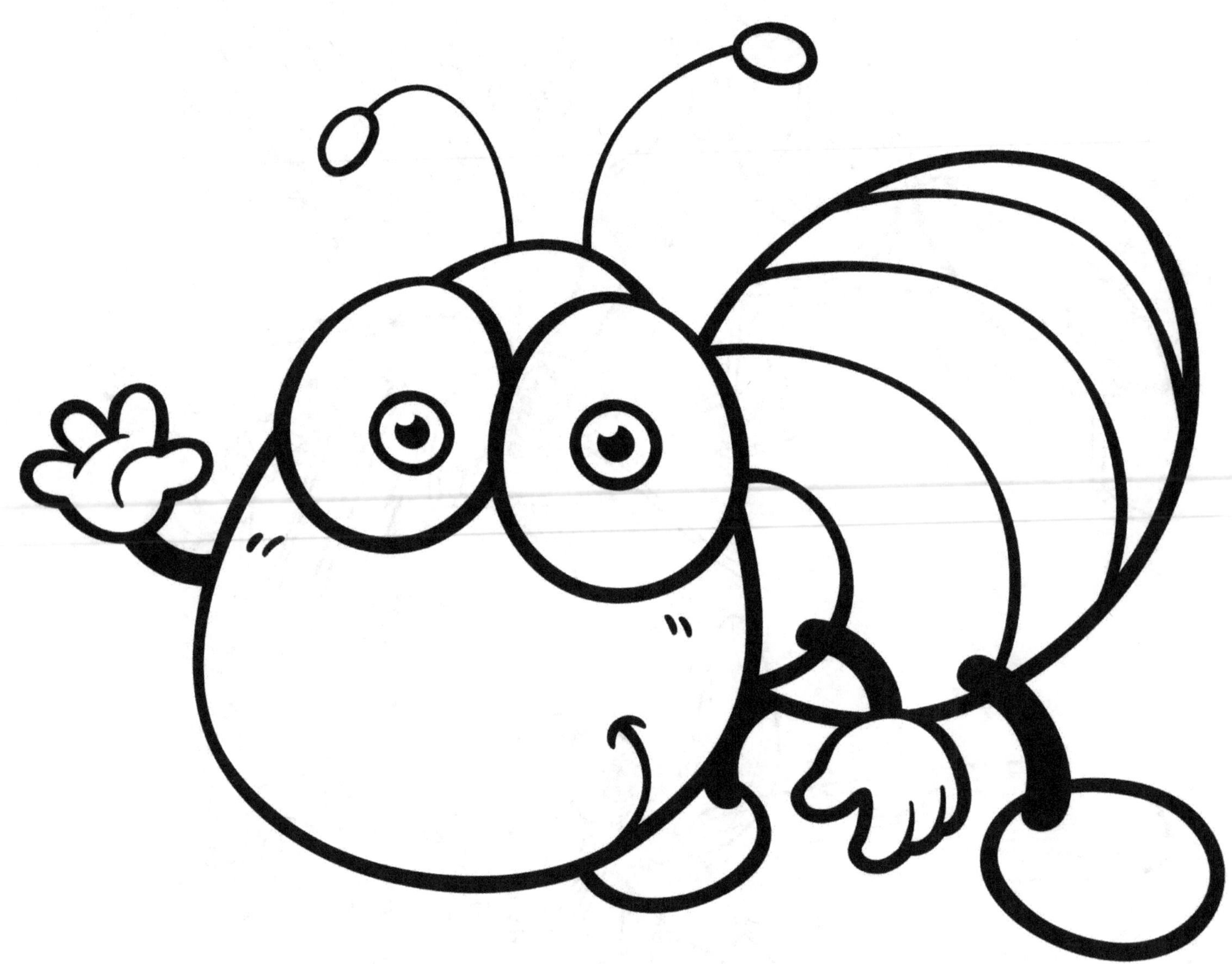

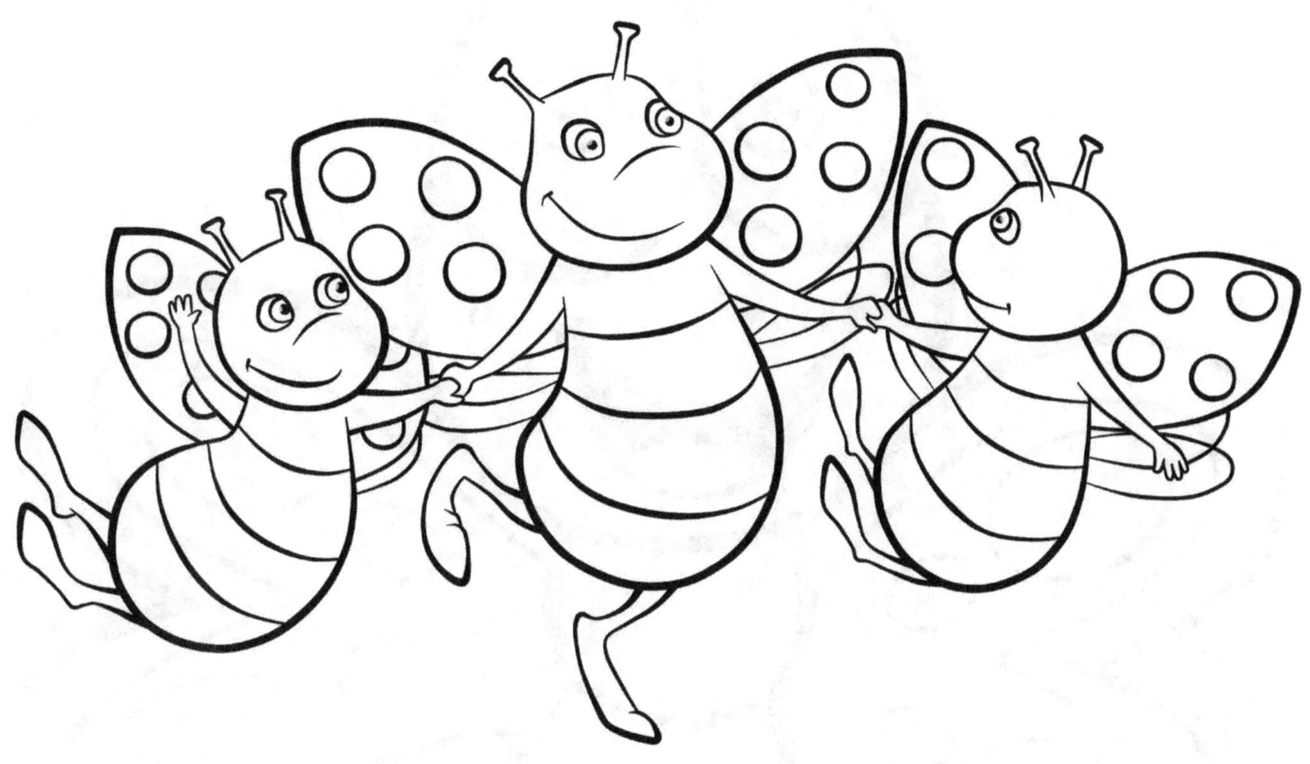

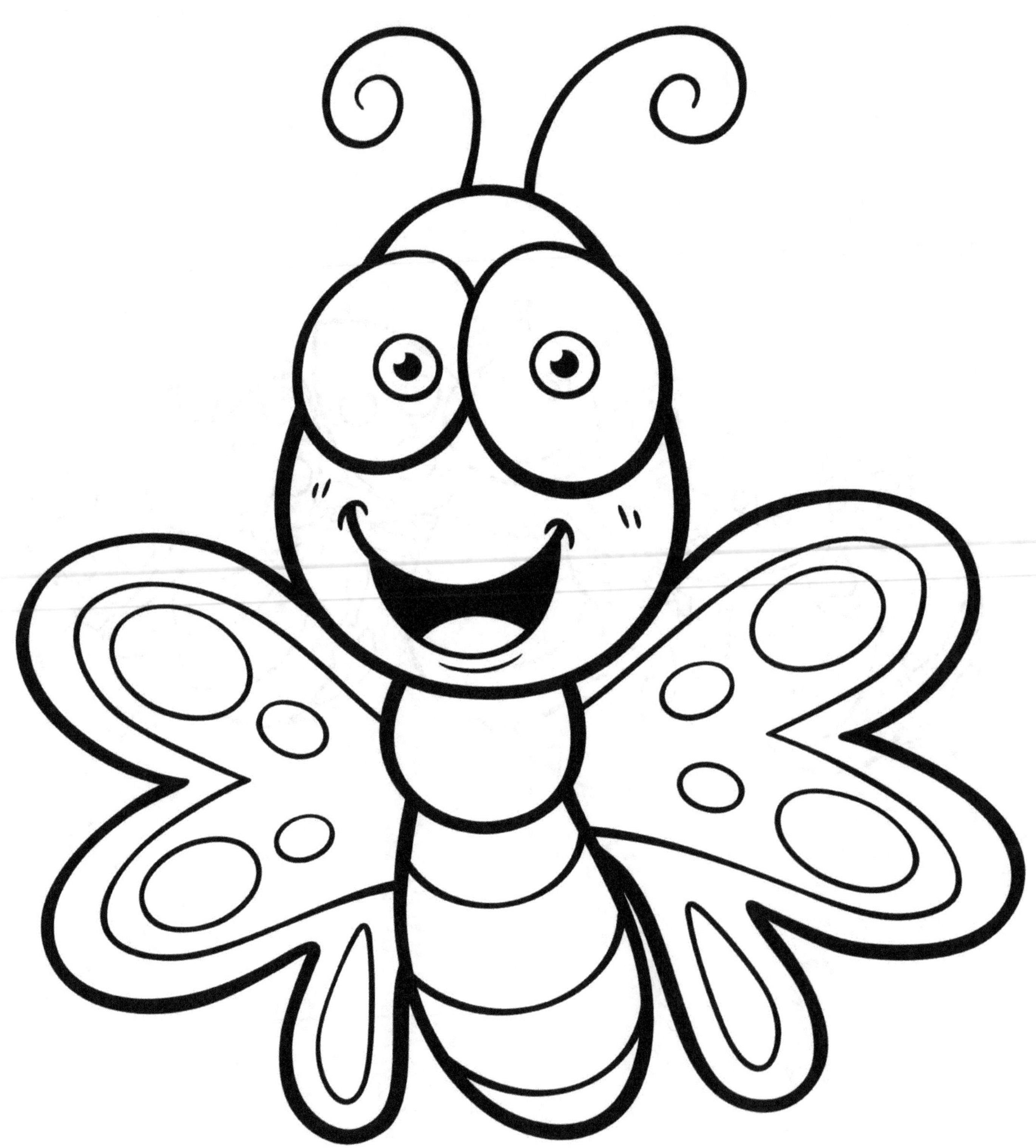

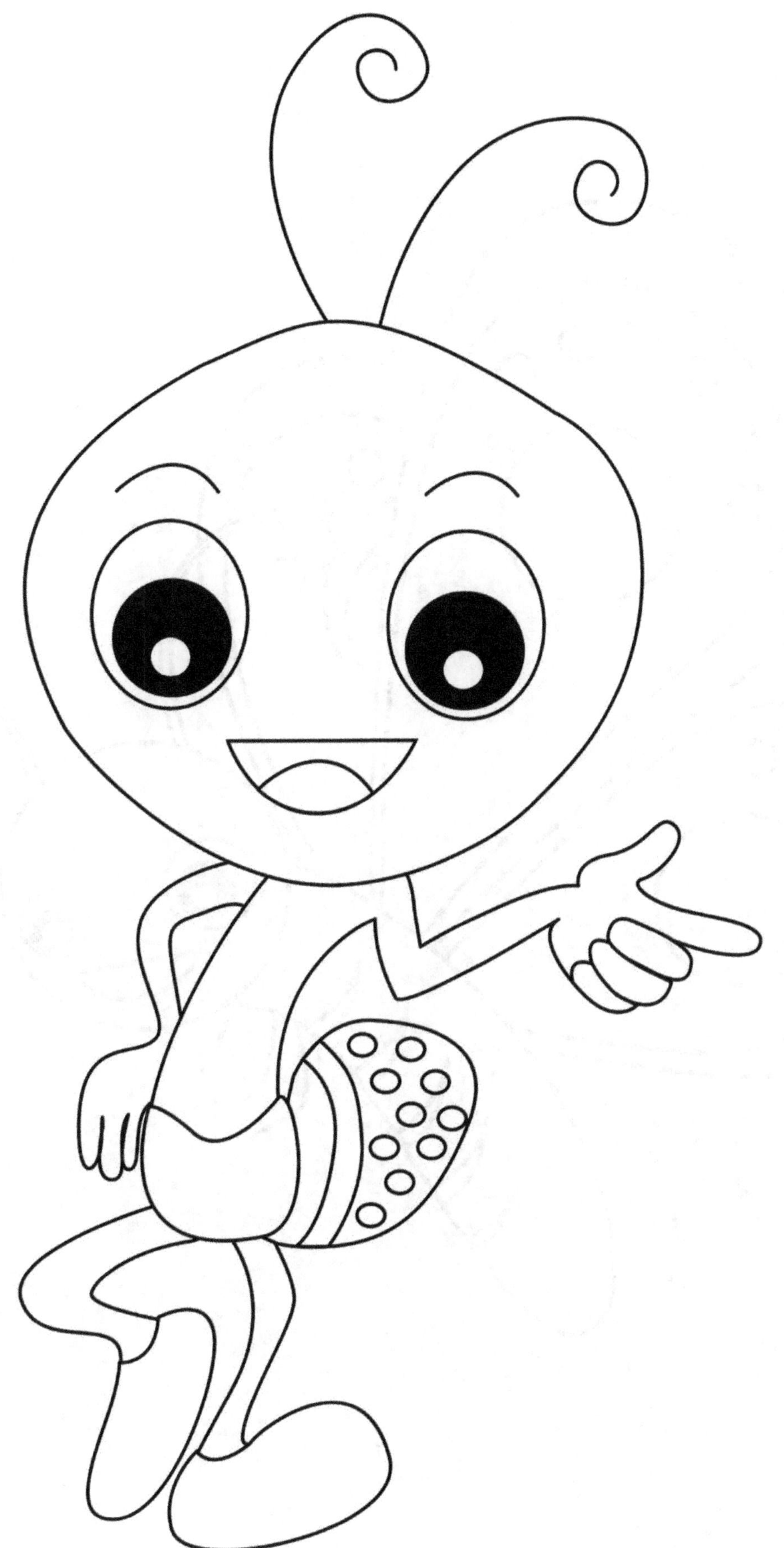

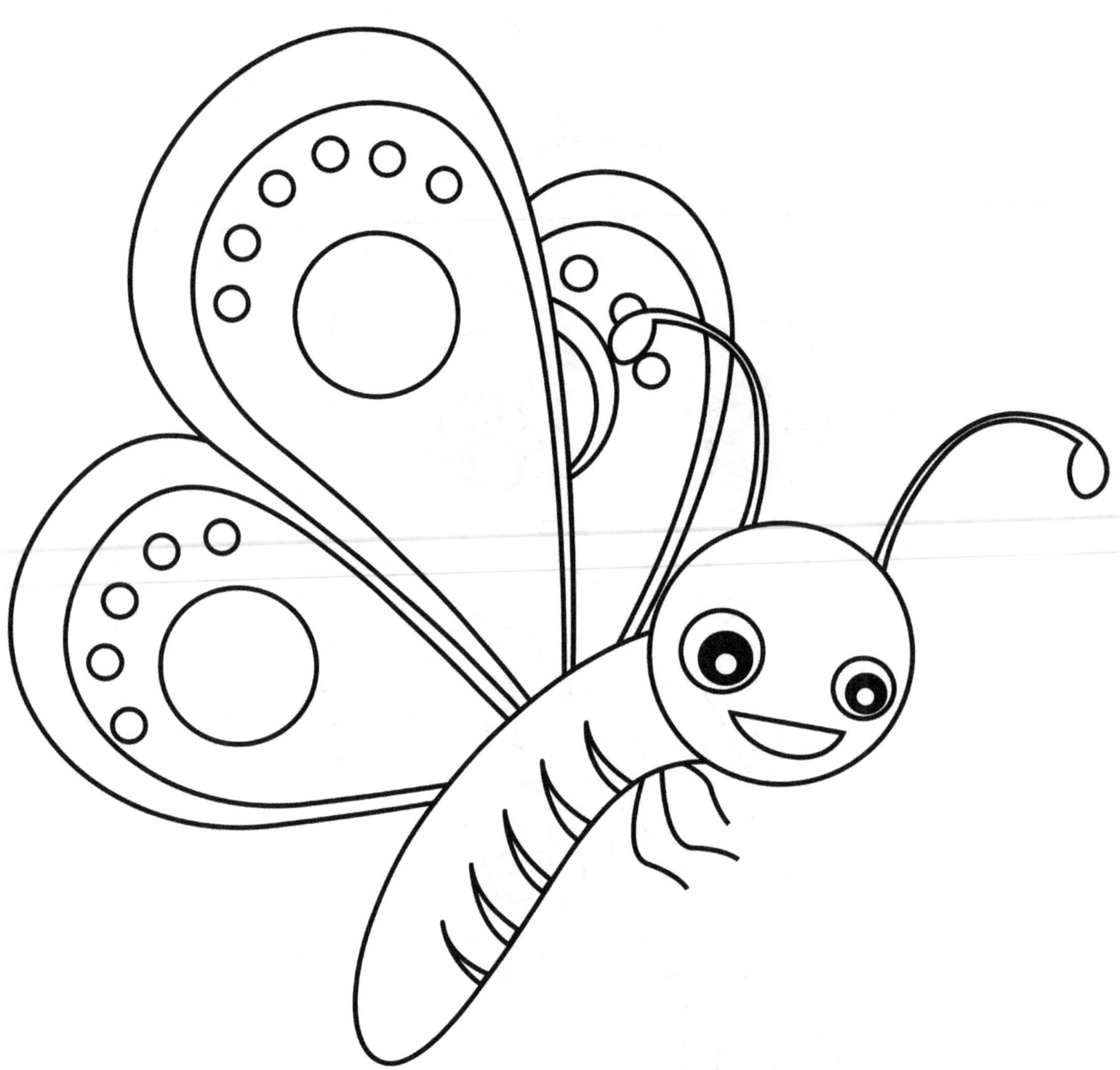

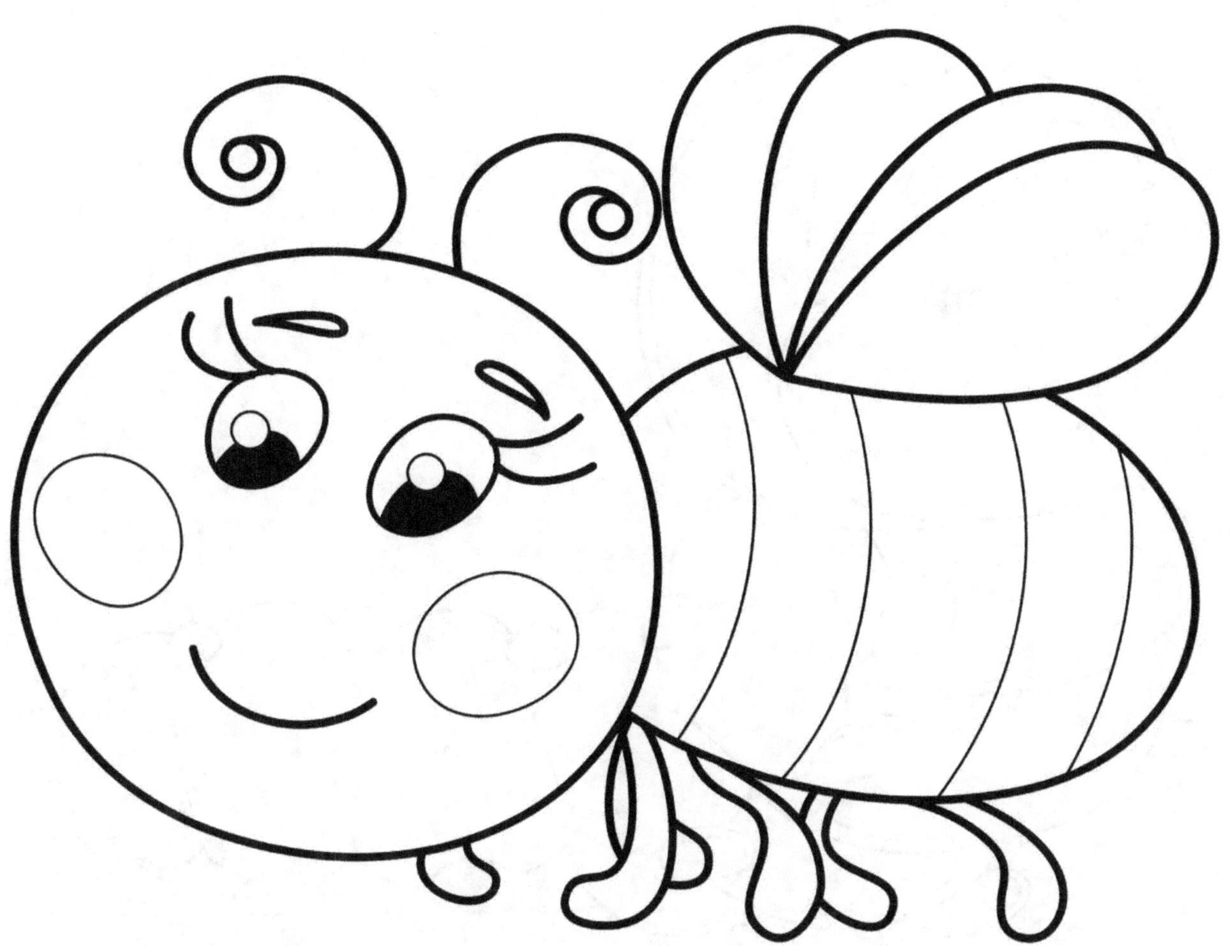

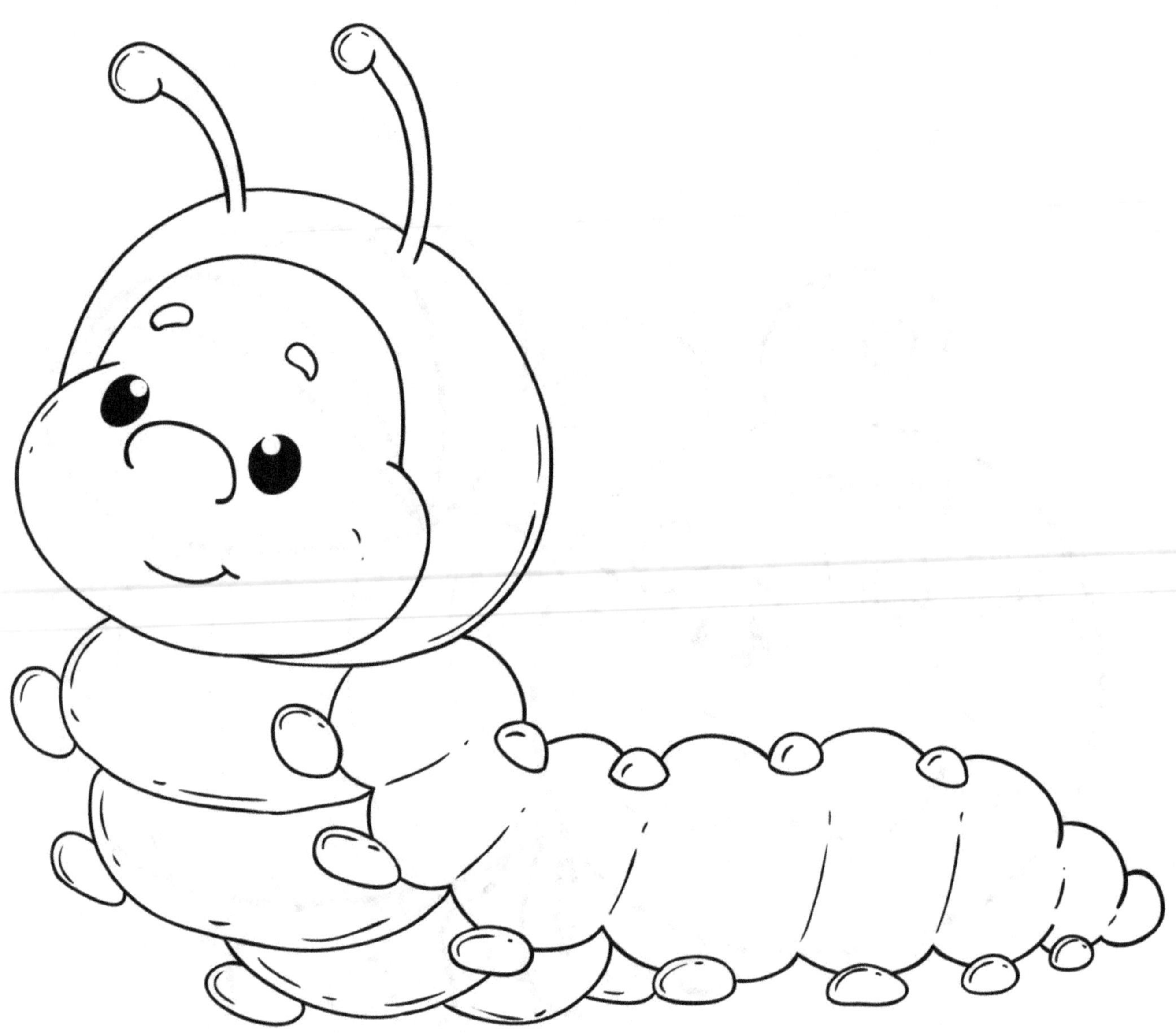

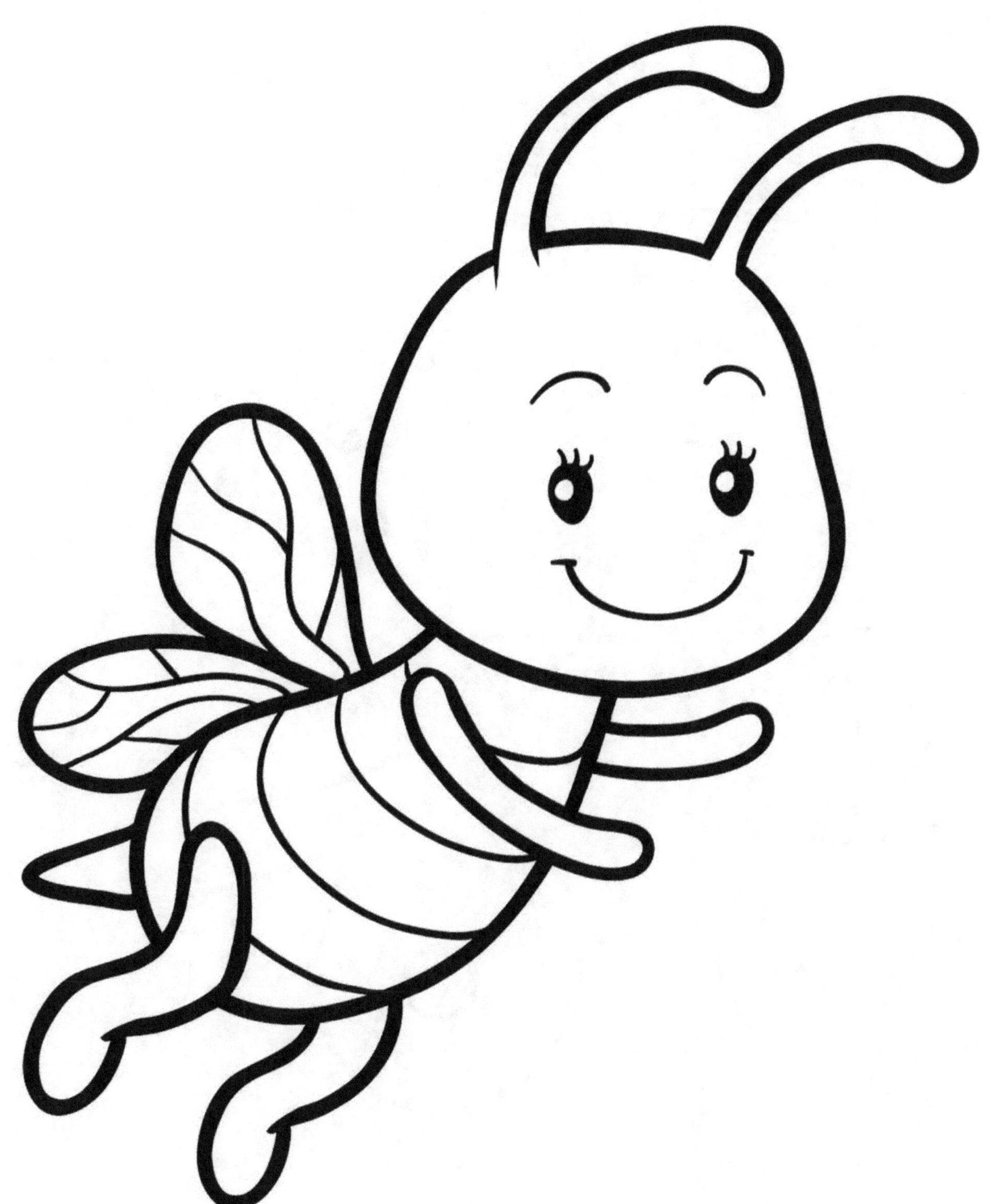

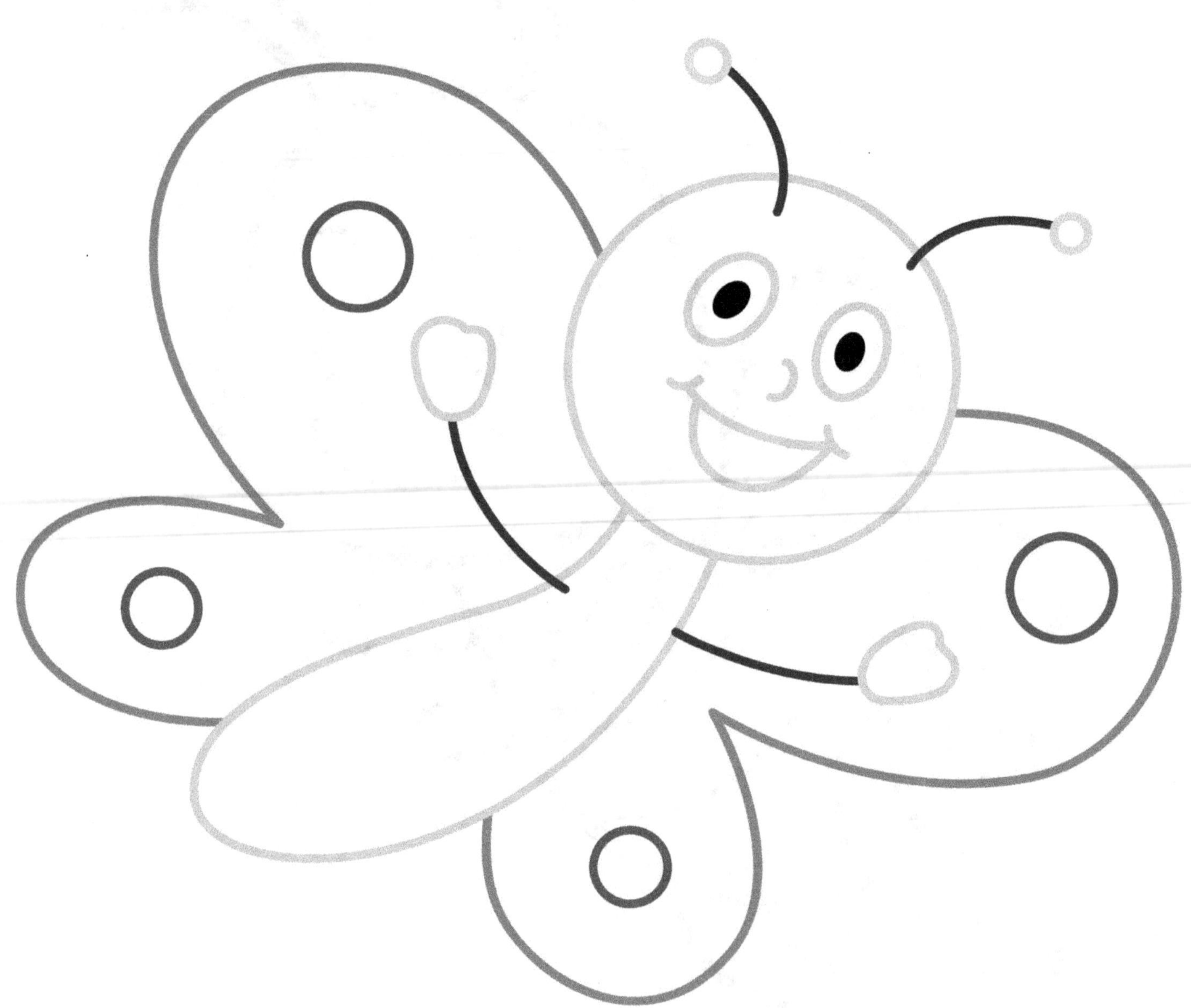

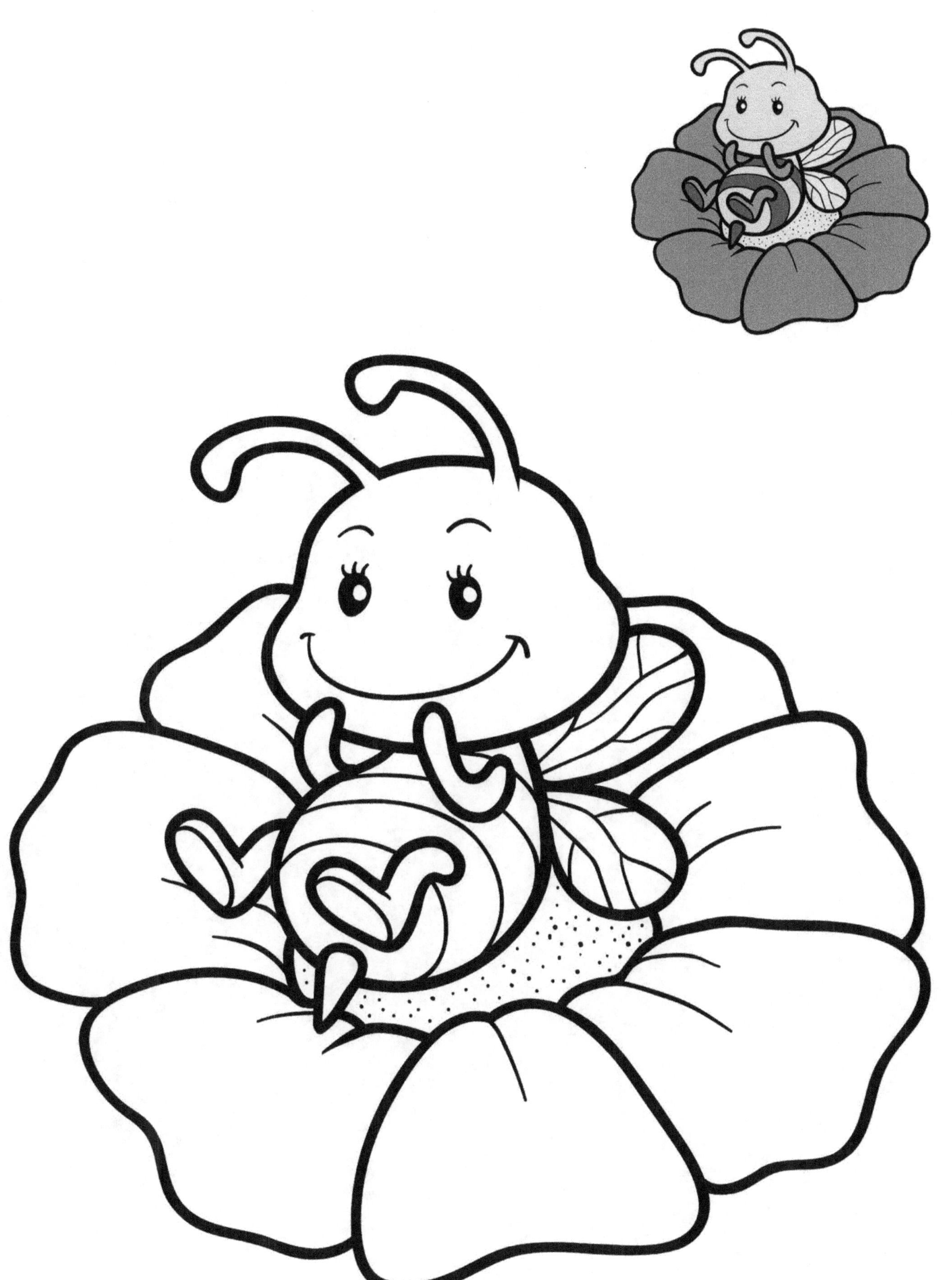